AFFAIRE DU NAVIRE *ESPÉRANCE*

—

REQUÊTE

ADRESSÉE

Par la Maison ROBERT et CHARRIOL

A SON EXCELLENCE

M. LE MINISTRE DES AFFAIRES ÉTRANGÈRES DE FRANCE

POUR OBTENIR UNE ENQUÊTE

Sur les Rapports de M. LOMBARD

CONSUL DE FRANCE A CALCUTTA

—

PARIS

IMPRIMERIE CH. JOUAUST ET FILS

RUE SAINT-HONORÉ, 338.

—

1863

A S. EXC. M. DROUYN DE L'HUYS

Ministre des Affaires étrangères.

Monsieur le Ministre,

Je viens, comme associé et mandataire de la maison Robert et Charriol, de Calcutta, renouveler auprès de Votre Excellence la demande d'enquête que déjà j'ai eu l'honneur de lui adresser, au sujet des rapports dressés par M. le Consul de France à Calcutta sur l'affaire du navire français *Espérance*, capitaine Monier.

Votre Excellence n'a peut-être pas oublié que cette affaire remonte au mois de juin 1861.

Elle a motivé de la part de M. le Consul de France à Calcutta trois rapports successifs :

Le premier, en date du 8 juillet 1861 ;
Le second, en date du 16 juillet 1861 ;
Le troisième, en date du 8 août 1861.

Aussitôt que la maison Robert et Charriol eut connaissance non pas du texte de ces documents, mais de l'esprit général dont ils étaient empreints, elle s'empressa de s'adresser à Votre Excellence pour lui demander une enquête complète et sérieuse sur les faits et circonstances de l'affaire de l'*Espérance.*

Cette première requête porte la date du 6 novembre 1861.

Elle fut rappelée au souvenir de Votre Excellence par deux lettres postérieures, la première en date du 24 juin, et la seconde en date du 13 septembre 1862.

Mais quelques jours après cette dernière date, le 20 septembre 1862, je reçus du Ministère des Affaires étrangères une communication signée par M. Herbet, Conseiller d'État, directeur des Consulats et affaires commerciales, laquelle était conçue en ces termes :

Quant à l'enquête administrative que réclament MM. Robert et Charriol, je n'en saurais comprendre le but ou l'intérêt, le Consul de France à Calcutta ayant agi dans la limite de ses devoirs et des attributions très-restreintes que lui reconnaît la législation anglaise. Je regrette donc, Monsieur, de ne pouvoir accueillir votre demande avant de connaître plus exactement les motifs de la plainte que vous croyez avoir à formuler contre M. Lombard.

Cette réponse, Monsieur le Ministre, plaçait alors la maison Robert et Charriol dans un véritable embarras. En effet, pour préciser, comme on le lui demandait, les faits sur lesquels se fondait sa demande d'enquête, il était de toute nécessité d'avoir sous les yeux le texte même des rapports dont elle ne connaissait que par relation la nature et le caractère.

Or cette communication lui avait été jusqu'alors refusée de tous côtés, et dans des circonstances telles que je ne puis m'empêcher de les faire connaître à Votre Excellence.

Dès le 2 novembre 1861, nous avions demandé à M. le Consul de France à Calcutta la communication de ses rapports à M. le Ministre des Affaires étrangères sur l'affaire du navire *Espérance.*

M. le Consul avait cru devoir nous répondre que cette communication était impossible, attendu que, « la correspondance des agents français à l'étranger étant la propriété exclusive de l'Etat, il est rigoureusement interdit à ces agents, sous peine de révocation, d'en violer le secret ».

Malgré cette réponse fondée sur la raison d'Etat, qui ne nous paraissait cependant pas engagée dans la question, la maison Robert et Charriol insista. Elle fit remarquer à M. le Consul qu'il s'agissait dans sa demande non d'une correspondance diplomatique, mais d'un rapport sur une affaire privée dans laquelle nous étions partie intéressée.

Notre insistance fut sans succès. M. le Consul persista dans son refus (4 novembre 1862).

C'est alors que la maison Robert et Charriol adressa à Votre Excellence sa première demande d'enquête du 6 novembre 1861, et que je suis venu moi-même en France, comme délégué par mes associés, pour suivre le développement de cette affaire.

Je suis, dis-je, venu en France, où mon étonnement a été grand, je l'avoue, en apprenant que le rapport consulaire qui nous avait été refusé, à nous partie intéressée et même accusée, était depuis longtemps aux mains de ceux qui, dans l'affaire de l'*Espérance*, étaient nos adversaires.

Oui, Monsieur le Ministre, je le répète et j'insiste : au moment où nos adversaires avaient eu communication des rapports du Consul ; au moment où ils s'en servaient contre nous dans un débat judiciaire ; au moment où ces documents non contrôlés exerçaient contre nous une influence terrible sur l'esprit des juges du Tribunal de commerce de Marseille ; — à ce moment même, nous n'avions pu encore être admis à en prendre lecture. Ils m'ont été communiqués pour la première fois, au Ministère de la Marine, le 17 avril dernier, c'est-à-dire il y a un mois.

Que Votre Excellence cependant veuille bien le remarquer : je n'accuse ici, et n'ai, en rappelant ces faits, nulle arrière-pensée d'accuser les intentions de personne. Je me borne à raconter, et ce n'est pas ma faute assurément si la situation faite à la maison Robert et Charriol dans cette circonstance offre vraiment un spectacle inaccoutumé.

Dans tous les cas, c'était pour moi une nécessité d'expliquer à Votre Excellence comment, après avoir à trois reprises sollicité son intervention, j'avais été jusqu'à ce jour dans l'impossibilité matérielle de donner à mes plaintes la précision et les éclaircissements qui venaient de m'être signalés comme nécessaires pour qu'il fût donné suite à ma demande d'enquête.

Venu en France pour poursuivre, au nom de la maison Robert et Charriol, la réparation d'une accusation aussi grave qu'elle est imméritée, je n'ai pas un seul instant perdu de vue le but de mon voyage. Ma demande a pu sommeiller un instant, parce que j'ai rencontré sous mes pas des obstacles qu'il m'a fallu le temps de surmonter. Mais, aujourd'hui que ces entraves momentanées n'existent plus, je viens reprendre les choses où je les ai laissées, et je demande à Votre Excellence la permission de lui adresser les détails circonstanciés que mes requêtes précédentes, ainsi que sa lettre du 20 septembre 1842, m'imposent le devoir de lui exposer sans restriction ni réserve.

II

La plainte actuelle de la maison Robert et Charriol contre M. le Consul de France à Calcutta a pour cause immédiate les rapports par lui rédigés sur l'affaire de l'*Espérance*. Mais il convient d'ajouter que ces rapports eux-mêmes n'ont été pour M. le Consul qu'une occasion de donner satisfaction aux sentiments peu bienveillants qui, depuis longtemps, l'animaient contre la maison Robert et Charriol. Je crois donc devoir, Monsieur le Ministre, vous signaler avant tout les faits qui servent en quelque sorte de préface à l'affaire de l'*Espérance*.

M. Lombard est arrivé à Calcutta, en qualité de Consul, dans le cours de l'année 1859. Il a trouvé dans cette résidence deux maisons françaises seulement.

Il ne m'appartient pas, à coup sûr, de me prononcer sur le rang relatif de ces deux maisons au milieu du commerce de Calcutta. Je pourrais à cet égard invoquer des documents incontestables et des témoignages décisifs. Je crois devoir m'en abstenir. Mais, quand je viens protester, au nom de ma propre maison, contre des imputations que je tiendrais pour déshonorantes si elles étaient fondées, il doit bien m'être permis de dire ce qu'est la maison Robert et Charriol, et de me prévaloir de l'honorabilité et de l'importance qu'elle a acquises.

Je prendrai donc la liberté de rappeler à Votre Excellence que la maison Robert et Charriol, restée française en pays étranger, possède trois établissements dans l'Inde : un à Calcutta, le second à Akiab, le troisième à Kuttack, dont le port de chargement est Falsepoint. Elle reçoit en moyenne, chaque année, soit en consignation, soit par affrétement, de 70 à 80 navires. A Falsepoint, notamment, qui est un port de sa propre création, elle charge à l'heure qu'il est le 18e navire français, ce qui ne manque pas de susciter l'éveil des autorités anglaises, peu accoutumées à voir dans le pays où flotte leur pavillon, et encore moins sur un point essentiellement anglais, le pavillon français en majorité. Enfin, M. Charriol, l'un des nôtres, a été l'un des promoteurs les plus actifs de la création des établissement français d'escompte dans l'Inde ; et sous ce rapport, comme au point de vue de l'honorabilité de la maison, le Comptoir d'Escompte de Paris serait en mesure de fournir à Votre Excellence les renseignements les plus complets.

Je dis donc que, à ces titres divers, la maison Robert et Charriol pouvait et peut-être devait s'attendre à voir le représentant du Gouvernement français traiter officiellement tous ses nationaux sur le pied de l'égalité. Elle n'ambitionnait aucun rang de faveur dans les sympathies du Consul; une sincère impartialité lui eût suffi. Elle ne l'a pas obtenue.

Il ne lui a pas fallu longtemps, en effet, pour s'apercevoir de quel côté étaient hautement affichées les préférences de M. le Consul de France. Si elle avait pu en douter, les remarques et peut-être aussi l'étonnement du haut commerce de Calcutta auraient suffi pour l'avertir de l'interprétation qu'il donnait aux faits dont il était le témoin. Au reste, des faits positifs n'ont pas tardé à venir justifier les pronostics qu'avaient révélés les premières démarches du nouveau Consul de France.

Le 3 août 1859, la maison Robert et Charriol fut avertie que le navire français le *Sansonnet*, sur lequel elle avait des intérêts considérables, revenait en relâche à Calcutta, dont il avait quitté le port peu de temps auparavant. Nous étions les affréteurs de ce navire, et, en souscrivant l'affrétement, notre intention première avait été d'en réclamer la consignation. Cependant nous avions consenti à y renoncer sur la demande du Consul lui-même, qui, tout en reconnaissant notre droit, nous avait priés de l'abandonner pour ne pas le mettre dans la nécessité de dépouiller la maison déjà investie de cette consignation. Mais, au moment où le *Sansonnet* revenait en relâche, cette maison était tombée en faillite; de sorte que, soit d'après notre situation d'affréteurs, soit d'après les faits passés et les usages du commerce, la consignation nous revenait pour ainsi dire de droit.

Cependant, comme nous avions dès lors pressenti les dispositions peu favorables de M. le Consul à notre égard, il nous parut plus sage de ne rien abandonner au hasard.

En conséquence, M. Robert, de notre maison, se présenta au Consulat de France pour y demander la consignation du *Sansonnet*. Il n'y trouva que le chancelier, M. Jacquemin, dont la conversation lui apprit que la relâche de ce navire n'était pas encore connue au Consulat. M. Robert lui fit donc part de sa demande, et attendit vainement M. le Consul jusqu'au moment de la fermeture de ses bureaux. Aussi la surprise de la maison Robert et Charriol fut-elle grande lorsqu'elle apprit, le lendemain matin, que M. le Consul avait disposé de la consignation du *Sansonnet* au profit de la maison Camin et Lamouroux. C'est à cette occasion qu'elle crut devoir adresser à M. le Consul la lettre suivante, qui marque suffisamment quel était, dès cette époque, le caractère de ses rapports avec le Consulat.

Calcutta, 4 août 1859.

Monsieur le Consul,

Nous apprenons à l'instant que, malgré la démarche qu'avait cru devoir faire auprès de vous notre sieur Robert, vous avez disposé, même avant l'arrivée du navire, de la consignation du *Sansonnet*, qui se trouvait disponible par suite de la faillite de ses anciens consignataires. Nous ignorons quels sont les motifs qui vous ont fait accorder une préférence d'autant moins justifiée que vous saviez que nous avions de grands intérêts à sauvegarder sur ce navire. En mettant même de côté nos droits incontestables sous ce rapport, il nous semble qu'en toute justice vous deviez, dans le cas présent et dans l'intérêt de tous, mettre en adjudication la consignation de ce navire. Nous regrettons d'autant plus cette disposition de votre part, que nous sommes naturellement amenés à y voir chez vous une partialité qui peut nous être très-préjudiciable, à cause du caractère officiel que vous lui donnez par votre position.

M. le Consul répondit à cette lettre dans les termes suivants :

Calcutta, 4 août 1859.

Messieurs,

Lorsque M. Robert s'est présenté à ma chancellerie pour me demander la consignation du navire français le *Sansonnet*, j'avais déjà offert cette consignation à MM. Camin et Lamouroux, qui l'avaient acceptée ; et voilà pourquoi je n'ai pu obtempérer au désir de M. Robert. Quant aux motifs qui m'ont fait agir ainsi, je n'ai pas, que je sache, à vous en rendre compte. Je veux bien toutefois vous dire qu'il n'y a rien dans ce choix de nature à vous être préjudiciable.

Je n'ai pas à discuter en ce moment, M. le Ministre, les affirmations renfermées dans cette lettre de M. le Consul. J'affirme, à mon tour, et uniquement pour mémoire, que M. le Consul n'a connu l'arrivée du *Sansonnet* que par la démarche même de M. Robert. D'où suit que, s'il a proposé la consignation à la maison Camin et Lamouroux, c'est après et non avant notre propre demande.

Mais je ne veux pas fatiguer Votre Excellence d'un débat sur des faits si anciens. C'est déjà bien assez d'avoir à les rappeler. La seule chose donc que j'y veuille relever, c'est la trace, la preuve du mauvais vouloir dont le Consul de France a été constamment animé contre la maison Robert et Charriol.

Ce sentiment devait éclater avec plus de puissance encore dans la question de l'émigration des Indiens pour la Réunion. Par décision de M. le Ministre de l'Algérie et des colonies, le recrutement des émigrants fut confié à la maison Camin et Lamouroux ; l'un de ses membres, M. Camin, fut nommé agent général de l'émigration ; et il n'a pas été nécessaire de déployer une grande pénétration pour savoir sur quels renseignements avait été constitué ce monopole, qui ne pouvait avoir pour but d'exclure que la maison Robert et

Charriol, la seule à qui sa nationalité et la nature de ses affaires pussent faire songer à cette opération.

Je n'ose me permettre, Monsieur le Ministre, de prolonger plus longtemps ces détails. S'il m'était loisible de le faire, j'aurais l'honneur de montrer à Votre Excellence comment l'hostilité dont notre maison était l'objet de la part de M. le Consul est devenue de plus en plus vive, et comment elle prit chaque jour un caractère plus tranché. Je parlerais, par exemple, des efforts tentés pour faire investir des fonctions de délégué du Comptoir d'escompte, à côté de M. Charriol, qui les remplissait déjà, un commis de la maison Camin et Lamouroux, dont M. Charriol ne voulait pas être le collègue; efforts qui ont échoué devant la démission de M. Charriol, dont le Comptoir d'escompte de Paris crut devoir préférer les services à ceux que l'on recommandait chaudement auprès de lui. Je pourrais même apporter la preuve à Votre Excellence que les sentiments de M. le Consul à notre égard trouvaient le moyen de se satisfaire jusque dans les renseignements commerciaux qui nous étaient donnés par le Consulat, lorsque les modifications nombreuses de la législation douanière dans ces dernières années nous obligeaient à y recourir. J'ajouterais, enfin, que le port de Falsepoint, créé par nous à grands frais, et dont l'idée et le développement nous paraissaient mériter toute la sympathie de l'autorité française, a constamment trouvé de la part de M. le Consul de France une opposition que sa source même rendait d'autant plus redoutable, et dont on peut voir un écho dans ses rapports au sujet de l'affaire de l'*Espérance*. Et à cette occasion, je me permettrais de citer un court passage d'une lettre du capitaine J. Gachet, commandant le navire français, de Bordeaux, *Saint-Vincent-de-Paul*, lettre insérée dans le journal du Havre du 24 juin 1862, et qui n'a jamais été contredite.

Le capitaine Gachet, dans le but de faire connaître aux navigateurs l'existence et les ressources du port de Falsepoint, leur indi-

que la situation exacte de ce point, les précautions qu'exige la rade
et les avantages qu'elle présente. Il ajoute :

La maison Robert et Charriol, à laquelle il appartenait, y fonda un établissement ou comptoir, qui est aujourd'hui en voie de progrès, grâce à une
persistance intelligente, et grâce aussi au nerf de toute entreprise, à l'argent.

Il lui a fallu lutter contre une foule de difficultés matérielles qu'ils n'auraient jamais pu vaincre sans le bon vouloir et l'assistance qu'ils ont ren-
contrés dans le gouvernement central de l'Inde, qui s'est franchement exé-
cuté, malgré le dépit peut-être assez naturel qu'a pu lui causer la création
d'un établissement français là où il aurait préféré en voir un anglais.

Cette conduite de l'autorité anglaise est d'autant plus remarquable qu'elle
a son contraste dans celle du Consul français à Calcutta, qui, on ne s'ex-
plique pas trop pourquoi, aurait, à ce qu'il paraît, beaucoup contribué à
propager des renseignements inexacts sur un établissement naissant, qu'il
ne connaissait pas, et dont il ne parlait que d'après le rapport de gens in-
téressés à le tromper.

Telle est, Monsieur le Ministre, l'impression que les capitaines
français rapportaient de Calcutta. Je crois donc véritablement en
avoir assez dit pour justifier pleinement ce qui est la vérité et ce
que tout Calcutta viendrait confirmer : c'est qu'il règne depuis
longtemps dans le cœur de M. le Consul de France à Calcutta, à
l'égard de MM. Robert et Charriol, un sentiment d'animosité à qui
tout sert d'aliment et qui a toujours saisi toutes les occasions de se
produire. C'est dans cette disposition d'esprit que nous le trouvons
au moment où va s'élever le conflit relatif à l'*Espérance*. Aussi n'est-
ce pas un magistrat impartial que nous allons rencontrer en lui,
mais un adversaire véritable, et le plus dangereux de tous les adversaires, car il croyait nous frapper dans l'ombre.

III

L'affaire du navire *Espérance* est fort compliquée; mais il suffit heureusement pour le présent travail d'en rappeler quelques points.

Au mois de mars 1861, la maison Robert et Charriol affréta le navire *Espérance*, capitaine Monier, appartenant à la maison Schlœsing frères, de Marseille.

Pendant le chargement de ce navire à Falsepoint, l'agent des affréteurs, un sieur Fressanges, craignant que le bâtiment ne fût pas en état suffisant de navigabilité pour une longue traversée, crut devoir en provoquer la visite par des yeux plus exercés que les siens.

Votre Excellence voudra bien remarquer qu'on était alors dans la rade de Falsepoint. Par conséquent, il était assez difficile de procéder avec une extrême régularité; et, d'autre part, on n'avait pas beaucoup de choix dans le personnel des marins à qui pouvait être confiée cette visite.

Toutefois, par une heureuse rencontre, deux navires français se trouvaient alors sur rade. C'étaient le trois mâts *Fils-Unique*, capitaine Bouin, et le *George-et-Juliette*. Dès lors, M. Fressanges crut pouvoir requérir, pour visiter l'*Espérance*, le capitaine Bouin, du *Fils-Unique*, et un sieur Fayet, maître charpentier du *George-et-Juliette*, auxquels il adjoignit M. Barnard, surintendant du phare de Falsepoint, lequel eût peut-être pu procéder seul, puisqu'il était l'unique représentant de l'autorité locale sur ce point.

Cette première visite donna pleinement raison aux appréhensions de M. Fressanges. Elle déclara que le navire avait besoin d'une carène avant de remettre à la voile pour l'Europe. De plus, M. Fressanges ayant offert ou capitaine une contre-expertise par les officiers du steamer de la marine du gouvernement local *Celerity*, survenu en rade au même moment, M. Monier refusa cette offre, et sembla ainsi confirmer par son attitude la déclaration des experts.

Cependant le capitaine Monier releva pour Calcutta; à son arrivée dans ce port, il pria M. le consul de France de nommer des experts pour visiter son navire.

Cette nouvelle expertise confirma que le navire avait besoin de réparations. Toutefois il est juste d'ajouter qu'elle n'imposait pas à ces réparations la même étendue que celle de Falsepoint.

Mais Votre Excellence aperçoit immédiatement que cette différence même entre les deux expertises, l'une provoquée par l'agent de Robert et Charriol, l'autre par le capitaine Monier, plaçait la maison Robert et Charriol dans la situation la plus délicate. En effet, il ne lui était pas possible, sans compromettre ses assurances faites ou à faire, de laisser complétement de côté l'expertise de Falsepoint, qu'on n'eût certes pas manqué de lui opposer en cas de sinistre.

Dans cette situation, la maison Robert et Charriol voulut d'abord s'assurer s'il existait quelques indices assez sérieux pour se préoccuper encore de l'expertise de Falsepoint. A cet effet, elle demanda à l'amirauté anglaise d'envoyer sous le navire des plongeurs jurés pour en vérifier l'état.

Cette visite eut lieu le 26 juin 1861. Il en résulta que, d'après les plongeurs « l'avant de la quille de l'*Espérance* était très-avarié, le doublage usé et détaché du bordage. »

En présence de cette constatation, la maison Robert et Charriol a pensé qu'elle ne pouvait se mettre à l'abri de tout embarras ultérieur qu'en provoquant une de ces vérifications qui ne laissent après elles ni doute, ni incertitude, ni soupçon : elle demanda que le navire fût visité dans un dock.

Il y a mieux. Comme cette mesure, quoique imposée par les circonstances, pouvait être pour le capitaine Monier la source d'une sorte de responsabilité morale vis-à-vis de ses armateurs, la maison Robert et Charriol comprit qu'il était convenable de couvrir le capitaine lui-même de ce côté. En conséquence, elle présenta requête à M. le Consul de France, aux fins d'autoriser la mise en dock du navire. Sur quoi M. le Consul rendit, en date du 27 juin 1861, une ordonnance par laquelle il autorise « M. le capitaine Monier, du « trois-mâts français *Espérance*, à la requête spéciale de ses char- « geurs, à décharger sa marchandise et *à faire entrer son navire dans* « *un dock*, afin qu'il puisse être visité. »

C'est après ces précautions, prises pour sauvegarder tous les intérêts, que le capitaine Monier refusa obstinément de faire entrer son navire dans un dock. Vainement en fut-il requis par l'agent du *Veritas* à Calcutta, vainement y fut-il condamné par deux décisions de la cour suprème, saisie du litige par lui-même. Il résista à toutes les injonctions et aima mieux partir sur lest que de soumettre son navire à une visite en dock.

En agissant ainsi, le capitaine Monier s'est-il tenu dans les limites véritables de son droit et de ses devoirs? N'a-t-il pas, au contraire, enfreint les unes et les autres? C'est cette dernière opinion que la maison Robert et Charriol a toujours tenue et persiste à tenir pour la seule vraie. Elle l'a donc défendue avec autant de fermeté que le capitaine Monier en apportait à résister à sa demande.

Mais, la maison Robert et Charriol se fût-elle trompée, ce qu'elle n'admet pas, il n'est pas moins vrai que le débat élevé entre elle et le capitaine Monier était une de ces discussions d'intérêt privé que les tribunaux sont appelés à trancher, et dans lesquelles il est permis d'avoir de très-bonne foi une opinion contraire à celle qui triomphe en définitive.

Cependant qu'est-il arrivé? Il s'est produit ce fait, pour nous sans exemple, que M. le Consul de France, qui semblait à Calcutta partager nos appréciations, puisqu'il y donnait la sanction d'une ordonnance consulaire, prenait en même temps la plume pour adresser à Votre Excellence les trois rapports relatifs à cette affaire, dans lesquels l'injure et le déshonneur sont déversés sur la maison Robert et Charriol avec une passion qui déborde et une témérité d'affirmations véritablement incroyable.

C'est contre cette diffamation officielle que nous venons, Monsieur le Ministre, vous demander justice. Votre Excellence, assurément, ne s'étonnera pas que la maison Robert et Charriol, longtemps patiente contre l'hostilité systématique de M. le Consul de France à Calcutta, relève aujourd'hui avec une énergie et une persévérance qui seront infatigables une attaque qui a comblé toutes les mesures. Sa patience passée aussi bien que son action présente s'expliquent par la différence de ses griefs. Tant que l'hostilité de M. le Consul ne s'est attaquée qu'à ses intérêts ou n'a pu froisser que son amour-propre, elle a gardé le silence. Vainement on a cherché à entraver ses affaires; vainement on a tenté de la faire considérer, par une sorte de contraste avec une autre maison, comme étant à l'index de l'autorité française. Aucune de ces petites injustices n'a pu la faire sortir de la réserve qu'elle s'était imposée, et que lui rendait d'ailleurs facile la position dont elle jouit à Calcutta, et, j'ose le dire, en Europe.

Mais votre Excellence voit que cette position même est devenue le point de mire qu'on a voulu atteindre. On a abandonné aujourd'hui le système des coups d'épingle pour une accusation en grand. On a attaqué non plus seulement les intérêts matériels de notre maison, mais son honorabilité tout entière. On nous a représentés comme ayant recours à des manœuvres « déloyales », à des procédés « indignes d'une maison respectable », à des actes « d'une mauvaise foi sans vergogne ». Dès lors, Votre Excellence comprendra sans peine que nous appelions de toutes nos forces le grand jour d'une enquête sur toute cette affaire. Nous taire serait mériter ces flétrissures ; étouffer notre voix serait nous les infliger. Nous avons trop de confiance dans les nobles sentiments de justice qui animent Votre Excellence pour redouter un pareil traitement. Elle ne s'y résignerait, nous en sommes convaincus, que si elle y était en quelque sorte contrainte par des raisons invincibles d'un ordre supérieur. Mais heureusement ces raisons n'existent point, et je prie Votre Excellence de vouloir bien m'autoriser à examiner un instant ce côté de la question.

IV

Je ne saurais oublier, Monsieur le Ministre, que cet examen, pour être sérieux, doit être fait à un double point de vue. En même temps que je demande et que j'espère fermement une protection efficace pour l'intérêt d'honneur blessé dans ma personne, je comprends à merveille que Votre Excellence prenne souci des grands intérêts dont elle est dépositaire. C'est pourquoi je n'hésite pas à prendre comme point de départ de mes observations la lettre même du 20 septembre 1862 que le département des Affaires étrangères m'a fait l'honneur de m'adresser.

Dans cette lettre, dont j'ai cité plus haut le texte, je relève particulièrement deux choses :

La première, que M. le Consul de France à Calcutta a agi dans la limite de ses devoirs et de ses attributions;

La seconde, qu'avant de pouvoir accueillir ma demande, il est nécessaire d'en connaître exactement le but, l'intérêt et les motifs.

C'est sur ces deux réflexions, et peut-être ces deux objections, que je demande la permission de m'expliquer.

Sur la première, je n'ai qu'un mot à dire. Il ne m'appartient, en effet, de soulever nulle discussion sur les devoirs et les attributions des Consuls. Je suis prêt, à cet égard, à m'incliner devant l'opinion de Votre Excellence. Mais il est difficile d'admettre qu'à côté des attributions très-légitimes des Consuls, les nationaux résidant à l'étranger ne trouvent pas quelque part des garanties contre l'arbitraire ou même l'erreur de bonne foi, lorsqu'elle entraîne avec elle un sérieux préjudice. Si donc, en faisant les rapports qu'il a adressés à Votre Excellence, M. le Consul de France à Calcutta s'est renfermé dans la limite de ses attributions, je conviens qu'on ne saurait contester sa compétence; mais je crois qu'il est toujours permis aussi de se pourvoir contre son appréciation. Autrement, il faudrait dire que le Consul est, en pareil cas, un juge non-seulement compétent, mais tout à fait souverain, décidant en premier et dernier ressort, et contre les appréciations duquel la vérité elle-même ne saurait prévaloir.

Evidemment, Monsieur le Ministre, il n'en est pas ainsi. Entre le Consul, qui est un agent de l'autorité à qui il adresse ses appréciations, et le citoyen qui se trouve lésé dans son honneur ou sa fortune par ces appréciations consulaires, il y a un juge naturel à qui il appartient de décider le conflit soulevé par les rapports du Consul. Ce juge, c'est l'autorité supérieure elle-même, c'est-à-dire Votre Excellence, qui la représente en cette partie.

Ces principes sont si clairs et si incontestables que je n'insiste pas.

Mais je dois répondre à une objection qui pourrait ici s'élever sur leur application.

Il semble, en effet, qu'il serait possible d'objecter que les rapports des Consuls sont des documents exclusivement destinés au Ministre qui les reçoit, dans lesquels les particuliers n'ont point à pénétrer, et que, par conséquent, tant que l'autorité, gardant pour elle ces rapports, ne demande ou ne reproche rien à ceux qui s'y trouvent accusés, ceux-ci ne sont pas fondés à prendre l'initiative et à les combattre.

Je ne pense pas, Monsieur le Ministre, que cette espèce de fin de non-recevoir puisse valablement être opposée à nos réclamations.

D'abord, il y a une raison décisive qui est particulière à la maison Robert et Charriol : c'est que les rapports de M. le Consul de France à Calcutta, dont elle se plaint, ne sont pas restés enfermés dans les archives du Ministère des Affaires étrangères, mais qu'ils ont été communiqués à des tiers et qu'ils ont reçu par eux une éclatante publicité.

Je n'examine pas, Monsieur le Ministre, dans quelles circonstances et par quelle volonté cette publicité s'est produite. Il suffit à la justesse de mon raisonnement qu'elle ait eu lieu ; et, à ce sujet, Votre Excellence connaît la réalité des faits. Je crois donc pouvoir en conclure que l'objection tirée du caractère secret des documents consulaires ne serait jamais opposable à la maison Robert et Charriol, puisque, dans le fait, le secret n'a pas été gardé.

Maintenant, que Votre Excellence me permette d'aller plus loin. Est-il vraiment admissible que les rapports consulaires dans lesquels les citoyens français résidant à l'Etranger sont mis en cause et attaqués dans leur honneur ne puissent être l'objet d'aucun recours, par cela seul qu'ils n'auraient reçu aucune publicité apparente ? — J'oserai dire, Monsieur le Ministre, qu'une telle jurisprudence, si elle venait à s'établir, serait terrible. Votre Excellence

3

sait, en effet, combien des rapports renfermés dans les archives de son Ministère peuvent recevoir de publicité indirecte, et quelles conséquences immédiates ou lointaines peuvent en découler pour ceux qui s'y trouvent peints sous des couleurs défavorables.

Il serait donc loisible alors à un Consul ou malintentionné ou mal renseigné de marquer au front un Français résidant à l'étranger; et ce dernier, qui n'aurait pas même pour le soutenir l'appréciation de l'autorité supérieure, qui protége contre des accusations subalternes celui qui réside en France, serait obligé de subir sans recours, sans appel, et même sans défense, cette peine d'un nouveau genre qui le frapperait dans ce qu'il a de plus cher sans l'entendre ni l'avertir.

S'il en était ainsi, Monsieur le Ministre, je ne crains pas de dire qu'il serait absolument impossible de conserver la qualité de Français à l'étranger, et que nous tous qui, malgré notre éloignement, aimons à conserver le culte de notre patrie française, nous le verrions fatalement s'affaiblir lorsqu'il deviendrait un danger pour notre honneur privé. Mais je suis convaincu, Monsieur le Ministre, que ces considérations sont inutiles auprès de Votre Excellence, et j'ai à lui demander pardon d'y avoir insisté aussi longtemps.

V

Je passe donc immédiatement, Monsieur le Ministre, au second point qui m'a été signalé par la lettre du 20 septembre dernier, à savoir : les motifs, le but et l'intérêt de l'enquête que j'ai l'honneur, au nom de notre maison, de solliciter de la justice de Votre Excellence.

Je vais répondre clairement.

Nos motifs : ils reposent sur les injustes calomnies dont la maison Robert et Charriol se plaint d'avoir été l'objet dans les rapports de M. le Consul de France à Calcutta ; sur les accusations de déloyauté dont elle est couverte ; sur les procédés indignes qui lui sont prêtés.

Notre but : c'est de démontrer que tout cet échafaudage est l'œuvre de la passion et de l'hostilité ; c'est de faire prononcer par l'opinion publique cette « sentence morale » dont on parle dans les rapports, en la mettant en opposition avec la sentence légale ; c'est de faire tenir enfin pour nuls et non avenus ces rapports qui ne sont, à aucun point de vue, l'expression de la vérité.

Notre intérêt : c'est de rester honorés, si nous n'avons pas cessé d'être honorables ; de maintenir intacte la bonne réputation que nous croyons avoir conquise au sein du monde commercial ; de défendre, par une preuve régulière, notre présent et notre avenir, contre des accusations qui se sont produites sous le cachet officiel.

Voilà, Monsieur le Ministre, ce que nous voulons. Voilà hautement exprimé l'objet de nos instances. Nous l'avons dit dès le premier jour, nous le répéterons jusqu'à due satisfaction, avec la certitude que tous les honnêtes gens approuveront et notre langage et nos efforts.

Maintenant, Monsieur le Ministre, nous reconnaissons parfaitement que ce sont là, de notre part, des affirmations sur lesquelles il nous est impossible, quant à présent, d'apporter des preuves décisives. C'est pour cela même que nous sommes condamnés à demander une enquête dans laquelle elles viendront se produire dans des conditions régulières et sous une forme propre à inspirer confiance. Cependant, nous prétendons aussi qu'il suffit dès à présent d'examiner avec soin les trois rapports que M. le Consul a adressés à Votre Excellence pour y reconnaître l'inspiration visible du parti pris.

Une première remarque, par exemple, |qui n'aura pas échappé à Votre Excellence, c'est que tous ceux qui, sur des faits principaux ou secondaires, ont agi sous l'empire de la même conviction que la maison Robert et Charriol, ou émis des opinions qui pouvaient de près ou de loin la fortifier, ont été en butte aux attaques et aux accusations les plus violentes.

Je signalerai d'abord, à ce point de vue, M. Fressanges, notre agent à Falsepoint. Sa conduite, certes, avait été on ne peut plus naturelle. N'étant pas marin, et l'état extérieur de l'*Espérance* lui faisant craindre que ce navire ne fût pas en état de porter à une destination lointaine une très-importante cargaison, il n'avait rien de mieux à faire que de s'entourer de l'avis d'hommes expérimentés. S'il eût agi autrement, que n'eût-on pas dit de sa présomption ! Eh bien ! pour avoir prié deux marins français et le surintendant du phare de visiter l'*Espérance*, le voilà transformé par le Consul en usurpateur de fonctions publiques !!! Il est « dénoncé » à Votre Excellence comme s'étant « rendu coupable du crime prévu par l'article 258 du Code pénal » (1). De plus, non content de cette dénonciation aux autorités françaises, M. le Consul a adressé, le 10 juillet 1861, au secrétaire des Affaires étrangères, une plainte à ce sujet contre notre agent (2).

Après Fressanges vient le capitaine Bouin, commandant du *Fils-Unique*. Ce marin, qui se trouvait sur rade de Falsepoint, requis de visiter l'*Espérance*, n'a pas cru sans doute méconnaître ses devoirs en accédant à cette demande. Dans de telles circonstances, un refus de sa part eût, au contraire, paru peu explicable à Son Excellence M. le Ministre de la Marine; et bien certainement il eût mérité de vifs reproches si plus tard il fût arrivé malheur à l'*Espérance,* mon-

(1) Rapport du 8 juillet 1861.
(2) Rapport du 16 juillet.

tée par un équipage français. Mais ce n'est pas ainsi que l'entend M. le Consul, pour qui tout est « manœuvre ». Il reproche donc au capitaine Bouin d'avoir été « assez oublieux de ses devoirs et de sa dignité pour s'y prêter ». Il signale à Votre Excellence « la conduite inqualifiable de ce navigateur, qui, à la requête d'un chargeur sans pouvoir ni droit légitimes, a accepté sans serment un pareil mandat et signé un rapport illégal et de pure complaisance. » M. le Consul suppose enfin que M. le Ministre de la Marine « pensera sans doute avec Votre Excellence que le moment est venu de faire un exemple sévère qui serve de leçon à l'avenir » (1). supposition fort naturelle à un esprit aveuglé par la passion, mais qui n'a pas paru telle aux hommes éminents et calmes qui dirigent les Affaires étrangères et la Marine.

Après MM. Fressanges et Bouin, viennent les plongeurs qui ont constaté l'état de la partie immergée de la coque de l'*Espérance*. A Calcutta, c'est un fait notoire que la corporation des plongeurs constitue une véritable institution publique, qui jouit de toute la confiance du commerce et de l'administration. Dès lors, pour tout le monde leur attestation est chose extrêmement sérieuse; mais pour M. le Consul, qu'elle contrarie dans ses idées préconçues, il faut bien l'affaiblir en ravalant ceux de qui elle émane. Alors les plongeurs, au lieu d'être présentés pour ce qu'ils sont réellement, ne sont plus, dans les rapports, que « deux Bengalis payés par M. Charriol et pompeusement qualifiés de plongeurs du gouvernement ». C'est exactement comme si un Consul étranger, dans un rapport à son chef, disait des capitaines visiteurs institués dans nos ports de France, dans le but d'affaiblir un de leurs rapports : « Ce sont des mercenaires payés par l'armateur. » Serait-ce rapporter ou travestir?

(1) Rapport du 8 juillet.

Après les plongeurs, c'est maintenant le tour de M. Handley,
l'agent du *Veritas* à Calcutta. M. Handley avait suivi très-attentive-
ment tout le conflit soulevé à propos de l'*Espérance*. Il n'avait pas
cru nécessaire de s'y mêler, par l'excellente raison que l'intérêt des
chargeurs se confondait alors avec celui des assureurs. Mais, lorsqu'il vit le capitaine Monier partir avec des réparations qu'il
jugeait insuffisantes, il crut devoir manifester à son tour l'intérêt des assureurs sur corps, que MM. Robert et Charriol
n'avaient ni mission ni intention de défendre. C'est alors que
M. Handley, qui connaissait l'expertise de Falsepoint, l'avis des
plongeurs, l'état des réparations opérées, et qui surtout avait eu
pendant un mois le navire sous les yeux, déclara au capitaine qu'il
n'était pas, à son avis, en état de partir ou du moins de partir
assuré, et qu'il en avertirait les assureurs. Rien n'était certainement
plus légitime et en même temps plus loyal, car M. Handley, au lieu
de prévenir obligeamment le capitaine de ce qu'il comptait faire,
aurait pu le faire sans l'avoir prévenu. Mais pour M. le Consul tout
change de face. Pour lui, M. Handley « s'est empressé de venir en
aide à Charriol », et M. le Consul part de là pour faire un procès en
forme à M. Handley et à « ses procédés regrettables à l'égard de
notre marine » (1).

M. Handley n'est pas le dernier. Il eût été étonnant, en effet, que
la justice anglaise, qui s'est prononcée pour l'entrée en dock de
l'*Espérance*, n'eût pas aussi sa part. Votre Excellence sait comme
nous, et probablement même plus que nous, quelle est celle qui lui
a été faite.

Chose assez remarquable : avant même que la Cour suprême
se fût prononcée, M. le Consul n'en augurait pas bien. Dès ce moment il disait à Votre Excellence, en employant une antithèse assez

____

(1) Rapport du 16 juillet.

significative : « Je ne puis préjuger quelle sentence rendra le juge ;
quant à la sentence morale, tous les honnêtes gens l'ont déjà prononcée (1). » Incertitude bien singulière quand il s'agit de la justice anglaise : car, si elle a, comme toute chose humaine, ses imper-
fections, on ne lui fait pas ordinairement le reproche de remonter
le cours de l'opinion générale. Mais c'est qu'il y a deux manières
apparemment d'entendre ce que disent « les honnêtes gens ». Toujours est-il que la justice anglaise a décidé que le navire devait
entrer en dock.

Après ce premier débat, un second s'est élevé. M. le Consul cette
fois descend lui-même dans la mêlée. Il adresse au président de la
Cour suprême une lettre dans laquelle il combat Robert et Charriol.
Il a pour but, en prenant ce rôle actif, d'aider « à amener une solu-
tion plus conforme à la fois au bon droit et à l'équité » (2). C'est
assez dire que la première ne l'est pas. Quant à la seconde, Votre
Excellence sait qu'elle a été également favorable à notre maison ;
mais nous ne connaissons pas à son égard l'opinion de M. le Consul.
Si elle a été exprimée, ce qui est vraisemblable, elle ne nous a pas
été communiquée, ce qui se comprend.

Il semble, Monsieur le Ministre, qu'il n'y ait rien à ajouter à cette
liste déjà si longue d'accusés ; mais ce serait une erreur. Après les
accusations de détail, vient une accusation d'ensemble pour ainsi
dire contre tout le commerce de Calcutta. Et ce qui n'est pas moins
digne de remarque, c'est que, pour la faire entrer dans son cadre,
M. le Consul est obligé de transformer, aux yeux de Votre Excellence elle-même, les conséquences du débat soulevé à Calcutta.

De quoi s'agissait-il, en effet ? Il s'agissait simplement de savoir
comment serait visité le navire *Espérance*. Tout le monde était d'ac-

(1) Rapport du 16 juillet.
(2) Rapport du 8 août.

cord qu'une visite était indispensable ; c'était le capitaine lui-même
qui l'avait demandée. Mais devait-on se contenter d'une visite ordinaire ? Devait-on, au contraire, recourir à une visite au dock,
c'est-à-dire plus approfondie et plus certaine ? — Voilà sur quoi on
se divisait.

Quant aux conséquences, elles n'étaient pas moins bien préci-
sées. Celles de la visite ordinaire devaient être de s'en tenir aux réparations qui ont été faites ; celles de la visite en dock pouvaient
aller jusqu'à entraîner une carène entière, comme l'avaient dit les
experts de Falsepoint. Rien de plus et rien de moins.

Mais M. le Consul, qui veut tout grossir, présente le débat sous
de bien autres proportions. Sous sa plume, il semble qu'il ne s'a-
gisse de rien moins que de la condamnation du navire, tandis que
jamais il n'en a été question. Partant de là, M. le Consul rappelle
les instructions de Son Excellence M. le Ministre de la marine au
sujet des condamnations trop faciles (1). Il énumère les précautions
qu'il prend pour s'y conformer (2), ce à quoi nous n'avons rien à
dire. Mais aussi il prononce ces paroles qui reflètent fidèlement l'inspiration générale des rapports : « Ici, Monsieur le Ministre, un
négociant de mauvaise foi, — et il y en a, — qui s'affranchit, quand
elle ne lui est pas favorable, de la juridiction consulaire en matière
de navires, peut faire à sa guise condamner un navire et ruiner un
armement. C'est une simple question de roupies, et les compères ne
manquent jamais à qui les paye (3). »

Tout cela parce que les chargeurs d'une importante cargaison de-
mandent que le navire qu'on leur offre soit visité, non pas à moi-
tié, mais complétement !... Je n'ai pas à insister, Monsieur le Mi-

(1) Rapport du 8 juillet.
(2) Rapport du 16 juillet.
(3) Rapport du 16 juillet.

nistre; un pareil langage n'a pas besoin de commentaires. Mais, après avoir vu comment sont traités ceux dont l'intervention dans ce débat a été presque fortuite, il n'y a certes plus à s'étonner que MM. Robert et Charriol aient été peu ménagés.

Je ne crois pas devoir, Monsieur le Ministre, m'étendre longuement sur ce qui les concerne, parce que je veux laisser à l'enquête que je sollicite de Votre Excellence le soin de dévoiler toutes les inexactitudes calculées que renferment les trois rapports. Cependant il y a une chose que je vous demande la permission de constater dès à présent : c'est que la maison Robert et Charriol a ce bonheur que, sur quelques-uns des faits présentés comme les plus graves, elle a déjà en main la preuve à peu près complète de leur fausseté.

Ainsi, par exemple, M. le Consul déclare avoir appris que « Robert et Charriol avaient, avant même l'arrivée de l'*Espérance* à Calcutta, retenu pour ce navire le dock de l'Union » (1). De là M. le Consul conclut que l'entrée en dock était un parti pris par Robert et Charriol avant de rien voir ni savoir ; et ce fait devient ainsi un des pivots de son accusation.

Nous pourrions répondre que cette conclusion est forcée : car, même avant son arrivée à Calcutta, on pouvait supposer qu'il y venait pour faire les réparations indiquées par les experts de Falsepoint. Mais il y a mieux : le fait est faux, complétement faux.

La preuve en sera facile à fournir lors de l'enquête. Mais dès à présent nous avons une preuve morale qui est décisive. Elle résulte de ce que la mise en dock n'a été demandée qu'après qu'on a eu connu l'opinion des plongeurs et du *Veritas*.

M. le Consul, il est vrai, dit le contraire. Il y est obligé pour édifier son système. Il présente la mise en dock comme demandée de suite, dès le 20 juin, le lendemain de l'arrivée du navire, et

____

(1) Rapport du 8 juillet.

avant l'expertise de Calcutta. Or, le 22 juin, *après l'expertise*, MM. Robert et Charriol demandaient si peu l'entrée en dock qu'ils espéraient que l'on pourrait épargner une carène. Voici, en effet, ce qu'ils écrivaient à MM. Schlœsing, armateurs de l'*Espérance*.

22 juin. — Il y a eu hier une visite faite par deux capitaines français. Nous n'en connaissons pas encore le résultat.

Le capitaine Monier, de son aveu même, avait laissé, il paraît, son navire dans un piteux état, qui a pu décider le résultat de l'expertise de Falsepoint. Depuis cette visite jusqu'au 15, M. Monier s'est occupé avec son équipage à réparer les hauts de son navire de son mieux. Il a une toute autre apparence, et NOUS ESPÉRONS QUE LES EXPERTS POURRONT VOUS ÉPARGNER UNE CARÈNE.

Dans ce cas, pourvu toutefois que l'agent du Veritas soit d'accord avec l'expertise, nous ne ferons aucune difficulté comme chargeurs, et enverrons votre navire se compléter.

Voilà comment s'exprimaient alors ceux que l'on présente à Votre Excellence comme ayant un parti pris dès avant l'arrivée du navire.

Autre fait. M. le Consul dit, en parlant de nous : « Le capitaine Monier, dans un but de conciliation, s'était consigné chez eux; on le met à la porte, et je suis obligé de lui indiquer un nouveau consignataire (1). »

Ce qui est vrai, le voici. Nous étions les consignataires de l'*Espérance*, non par le désir de conciliation du capitaine Monier (qui ne peut figurer là que pour l'effet du contraste), mais par les stipulations de la charte-partie. Jusqu'au jour où l'entrée en dock nous a paru absolument nécessaire, nous avons gardé cette qualité et accompli les devoirs qu'elle impose. Mais, lorsque la contradiction s'est manifestée entre nous dans toute sa vivacité, il est clair que

(1) Rapport du 8 juillet.

nous ne pouvions pas remplir à la fois les deux rôles. La délicatesse même nous faisait un devoir de ne pas conserver un mandat qui était contraire à ce que nous considérions comme l'intérêt de l'armement. C'est ce que nous avons fait.

C'est ce que M. le Consul traduit par « mettre à la porte ». Or, nous sommes en mesure de prouver que les consignataires qui, à la demande du Consul, nous ont remplacés, MM. Schoëne et Kilburn, n'ont accepté cette mission, dont ils se souciaient fort peu, qu'à notre considération et parce que nous les en avons nous-mêmes priés.

Je ne puis en ce moment donner à Votre Excellence le texte de la correspondance que nous avons échangée à ce sujet. Je m'attendais si peu à voir ce fait ainsi dénaturé que je ne l'ai pas sous la main. Mais je serai très-prochainement en mesure d'en justifier, et Votre Excellence pourra se convaincre de la fidélité avec laquelle elle a été renseignée.

Troisième fait, qui paraît à M. le Consul la clef de toute l'affaire. Lorsqu'il cherche ce qui a pu conduire la maison Robert et Charriol aux actes condamnables qu'il lui impute, il arrive à cette conclusion : « La vérité, Monsieur le Ministre, c'est qu'ils ont été dans l'impossibilité de compléter le chargement de l'*Espérance* à Falsepoint, faute de bâtiments et aménagements convenables; c'est que dans l'intervalle les frets pour France ont baissé de 20 à 25 fr. par tonneau; c'est que les sésames et les riz ont renchéri à la côte (1). »

Telle est l'explication que M. le Consul donne à Votre Excellence comme « la vérité vraie sur toute cette affaire ». Or, j'affirme qu'il n'y a pas dans cette explication un seul mot qui soit ou vrai ou applicable à notre maison.

(1) Rapport du 16 juillet.

1° *Impossibité de charger.* — *Défaut de bâtiments et aménagements convenables.* — Ma réponse est dans un mot : J'ai la preuve entre les mains que, à défaut de l'*Espérance*, qui n'était pas en état de recevoir charge, nous avons chargé à FALSEPOINT, sur les navires *George-et-Juliette* et *Fils-Unique*, savoir : du 30 mai au 15 juin, date du départ de l'*Espérance* pour Calcutta, 5,449 sacs de riz ; et dans les quinze jours qui ont suivi, c'est-à-dire pendant les débats de Calcutta, 4,747 sacs : au total, 11,811 sacs, qu'il était aussi possible de mettre sur l'*Espérance* que sur d'autres navires. J'ai l'honneur de tenir à la disposition de Votre Excellence les reçus de chargements signés jour par jour par les capitaines de ces navires.

2° *Baisse des frets pour France.* — Ce qui veut dire apparemment que la maison Robert et Charriol est une maison peu scrupuleuse, qui n'hésite pas à briser un contrat lorsqu'elle espère en trouver un autre à meilleur compte ; manière de procéder qui s'accorde peu avec les 70 ou 80 navires pour lesquels on consent tous les ans à traiter avec elle. Mais voici mieux. J'ignore s'il est exact que les frets aient ou non baissé, jamais je ne m'en suis préoccupé. Ce que j'affirme seulement, c'est que les marchandises destinées à l'*Espérance* ont été apportées à Marseille par un autre navire français, le *Philanème*, à raison de 115 fr. le tonneau, c'est-à-dire exactement le même prix d'affrétement que celui de l'*Espérance*. Voilà comment le désir de profiter d'un fret plus doux a pu nous déterminer.

3° *Renchérissement des sésames et riz à la côte.* — Argument du même genre que le précédent, et qui n'a aucune valeur si on ne prouve pas deux choses : 1° que nous avions vendu, par un prix ferme, le chargement de l'*Espérance;* 2° que, n'ayant pas ce chargement, nous étions obligés de l'acheter à la côte, ce qui faisait peser sur nous le prétendu renchérissement dont on parle.

Or aucun de ces faits n'existe. 1° Nous n'avions pas vendu, par prix ferme, le chargement de l'*Espérance*; il partait en France pour notre compte, et nous devions profiter à la vente des fluctuations du marché, s'il y en avait. — 2° Nous n'avions nul besoin d'acheter à la côte ce chargement, attendu que nous avions deux fois sa valeur en magasin. Nous sommes prêts à prouver le fait par nos livres, par notre correspondance, enfin par tous les documents d'une maison de commerce. M. le Consul ne paraît pas même s'être préoccupé d'avoir là-dessus quelques éclaircissements. Cependant, quand on a l'honneur d'être Consul de France et qu'on veut bien prêter aux gens des infamies, la moindre chose serait peut-être de se renseigner.

Que dirai-je maintenant du dernier fait signalé par M. le Consul, celui qui a motivé contre notre loyauté les plus dures qualifications? Il suffit de le raconter.

Lorsque la marche des choses eut conduit le débat devant la Cour suprême, la maison Robert et Charriol dut justifier de sa qualité et de son intérêt à réclamer la visite en dock du navire *Espérance*. Elle affirma alors, ce qui était la vérité, qu'elle était propriétaire de la marchandise déjà mise à bord du navire. Ce fait était d'ailleurs parfaitement connu du capitaine Monier.

Pus tard, lorsque ce capitaine, condamné par la Cour à entrer en dock ou à décharger ce qu'il avait à bord, eut opté pour ce dernier parti, il nous réclama la remise des connaissements qu'il avait signés. Nous dûmes lui répondre, ce qui était encore l'expression de la vérité, que ces connaissements n'étaient plus en nos mains, parce que nous les avions envoyés à MM. Antoine Vidal et Schlœsing frères, de Marseille.

Là-dessus M. le Consul s'emporte. Il crie à la « déloyauté flagrante » et à la « mauvaise foi sans vergogne ». Pourquoi? Parce qu'il nous fait dire au capitaine, contre toute réalité, que nous ne sommes pas propriétaires de la marchandise dont nous avons envoyé les connaissements en France. D'où il conclut que notre première affirmation à la justice était mensongère.

Mais il n'y a ici de coupable que l'interprétation. Car, si nous avions envoyé les connaissements en France, c'était précisément parce que nous étions propriétaires de la marchandise ; c'était pour la vendre en France pour notre compte et sur connaissements. Et où donc M. le Consul a-t-il vu qu'un expéditeur d'outre-mer gardât les connaissements de sa marchandise jusqu'après le départ du navire qui la porte ? Dans quel pays procède-t-on autrement que nous ne l'avions fait ?

Nous avions donc eu raison de nous présenter comme propriétaires du chargement. Nous avions même eu doublement raison : d'abord, parce que MM. Schlœsing et Vidal, à qui nous avions expédié les connaissements, n'étaient que nos mandataires pour la vente, ce qui nous laissait la propriété de la marchandise ; ensuite, parce que, eussent-ils été acheteurs, la marchandise restait à nos risques jusqu'à la livraison, et eût péri pour notre compte si le mauvais état du navire eût entraîné sa perte.

Ce sont là des vérités élémentaires du droit commercial. Il faut volontairement fermer les yeux pour les méconnaître. La justice anglaise ne pouvait s'y tromper ; et malgré la dénonciation dont M. le Consul s'est fait l'organe par sa lettre du 7 août 1861, la Cour suprême de Calcutta, si justement sévère sur tout ce qui touche à la sincérité des *affidavit*, a dû écarter une accusation qui ne reposait que sur des chimères. Il pourrait même paraître impossible qu'un consul de France s'y fût mépris ; cependant nous n'osons nous prononcer à cet égard. Car alors que faudrait-il penser de son argument tiré de l'envoi des connaissements et des conséquences odieuses qu'il y attache ?

Ainsi s'évanouissent, Monsieur le Ministre, ceux des faits qui ont servi de base aux plus intolérables accusations. Je tenais à montrer à Votre Excellence, par quelques exemples saillants, que notre protestation indignée contre le rapport de M. le Consul avait déjà pour elle, avant toute information, des témoignages invincibles et écrasants. Je pourrais poursuivre encore sur plusieurs points cette œuvre de discussion, mais je ne le veux pas faire : car ce n'est pas une réfutation que je demande, c'est une réparation. Notre honneur commercial a été hautement outragé ; notre déloyauté a été proclamée par un document officiel. Je demande à prouver par une enquête ou une instruction quelconque que ce document ne dit pas vérité ; et si je fais cette preuve, je demande et je crois avoir droit de demander qu'il soit officiellement mis à néant. Je suis convaincu, Monsieur le Ministre, que Votre Excellence ne verra dans cette demande que le cri légitime de gens d'honneur cruellement attaqués et à qui il doit être du moins permis de se défendre.

VI

Que Votre Excellence daigne me permettre encore quelques paroles sur la forme de l'instruction que l'ai l'honneur de solliciter de son équité.

Notre maison avait cru d'abord que cette instruction devait nécessairement avoir lieu à Paris ; c'est pour cela que j'ai été envoyé moi-même pour venir en suivre toutes les phases. J'ai appris depuis qu'il serait possible que Votre Excellence daignât déléguer un agent pour aller procéder, à Calcutta même, sur le théâtre des faits, à une information qui ne pourrait que profiter, à tous les points de vue, de cette marche particulière.

Je ne puis que m'en rapporter à Votre Excellence sur le choix à faire entre ces deux modes d'instruction. La maison Robert et

Charriol, dont je suis ici l'organe, accepte à l'avance celui qui sera préféré. Si l'instruction a lieu à Paris, elle se charge de faire venir tous les éclaircissements, les témoins, les documents qui pourront paraître utiles à la manifestation de la vérité.

Si, au contraire, l'information est faite à Calcutta, tous les élément seront sous la main. Mais notre maison comprend aussi qu'il peut y avoir, dans ce mode de procéder, une charge qu'elle n'entend pas laisser peser sur l'Etat. C'est pourquoi je suis prêt à déposer dans ses caisses la somme qui sera jugée nécessaire pour faire face aux frais de l'instruction, ainsi qu'au voyage du délégué qui serait chargé d'y procéder.

Ce sacrifice pécuniaire, si important qu'il puisse être, ne sera rien pour nous en comparaison de la blessure morale qu'on a voulu nous porter. Forts de notre conscience, nous avons résolu de surmonter tous les obstacles pour que la vérité soit enfin connue. Et précisément parce que nous avons été frappés par un agent des affaires étrangères, nous avons la certitude que la haute et loyale impartialité de Votre Excellence nous viendra en aide.

C'est avec cette confiance, Monsieur le Ministre, que je vous prie d'agréer l'assurance des sentiments respectueux avec lesquels j'ai l'honneur d'être,

de Votre Excellence,

le très-humble et très-obéissant serviteur.

A. LEMETTAIS,

Associé de la maison ROBERT et CHARRIOL.

Fait à Paris, le   mai 1863.

6250 — PARIS, IMP. JOUAUST ET FILS, RUE SAINT-HONORÉ, 338.

9 782329 481364